Merci à Lucette pour son aide

Numéro du livre dans la collection :

Textes de Bernard Brunstein

© Bernard Brunstein pour les illustrations - http://peinturedebernard.over-blog.com/

ISBN : 9782322126309

Poèmes de Bernard Brunstein

Illustrations de l'auteur

La cuisine du pays Niçois en vers

IEU N'AVES

ieu n'aves pas un nom dau pais
Mon paire che m'a donna la vida
Es vengu per la guera
 Lo soleou , la mare, la terra,
Aves sposa una pichina frema d'acqui
ieu n'aves pas un nom dau pais
Ma aves una parte de li rais dintre la terra
do pichin villadge de Gorbio
Percate sus lo pico
Li Basin, li Rocca, li Raimondi
Li Vial, li Maulandi
era ma généalogie
ieu n'aves pas un nom dau pais
ma ieu sieu d'acqui

Liste des recettes

1– La Pissaladière

2– La Ratatouille

3– La Bagna Cauda

4– Les Barba juan

5– La Salade de Tomate

6-La Daube

8– La Socca

9– Les Beignets de courgette

10– Le Pan Bagnat

11– La Sauce Tomate

12– Les Capons

13– La Tarte aux Figues

14– Les Panisses

15– Les « Merda di Can »

Pissaladière

Ce soir j ai eu envie

De faire griller un oignon
A feu doux dans un poêlon
Doucement le dévêtir
Et tendrement le sentir
Le faire fondre lentement
Il ne faut pas qu'il soit craquant
Son arôme doit vous saisir
Vous enivrer de plaisir
Et sous la langue envoûtant
Son goût reste indéfiniment

Dès qu'il a pris cette couleur diaphane
Transparence couleur safrane
Sur un lit une pâte
L'étendre sans hâte
D'olives et d'anchois
L'accompagner en premier choix
Un filet d'huile d'olive
Dans un four à peine chaud
Comme une caresse affective
D'un Amant sans rivaux
Pissaladière
A genoux comme pour une prière
Je te mangerais sur la tête d'un maure
Sans regret ni remord
Ce soir j ai eu envie

La ratatouille

Pour cela il faut des aubergines
Des poivrons verts
Des courgettes et de la farine
Des oignons, gousses d'ail et persil vert
Feuilles de thym émiettées
Du basilic en quantité
De l'huile d'olive du poivre et du sel
Et quelques tomates toutes belles

Couper les aubergines
En tranches fines
Les courgettes en rondelles
Et les poivrons en fines lamelles
Dans deux terrines les réserver
Et les oignons finement émincés
Dans une poêle faire frire séparés
Les légumes ainsi préparés
Dans une casserole en fonte
Faire mijoter l'ail et les aromates
Entre les doigts écrasés les tomates
La sauce doucement se raconte
Dans une cocotte
De grandes dimensions
Chaque légume chuchote
Pour attendre sa cuisson
Quand la sauce est concentrée
Avec les légumes il faut la mélanger
Avec une cuillère en bois
Remuer plusieurs fois

La ratatouille est prête
Froide ou chaude dans votre assiette
A se laisser déguster
Par des palais raffinés

la bagna cauda .. la sauce chaude

artichauts brocolis
et des branches de céleri
des fleurs de chou- fleur
des carottes à pas peur

des champignons de couche
je n'ai pas dit de souche
peu importe leur origine
de Paris de Brest ou de Chine

des radis des fenouils
des feuilles de laitue
enfin tu te débrouilles
pour que sur la table tout soit pourvu

maintenant faisons la sauce
quelques filets d'anchois qui rehaussent
deux ou trois cuillères de pissala
on n'hésite pas

de l'huile d'olive surfine
faites la chauffer
en ayant une vision attentive
pour qu'elle ne fume jamais

avec une fourchette plongez
les légumes préparés
bien remuer
et surtout déguster

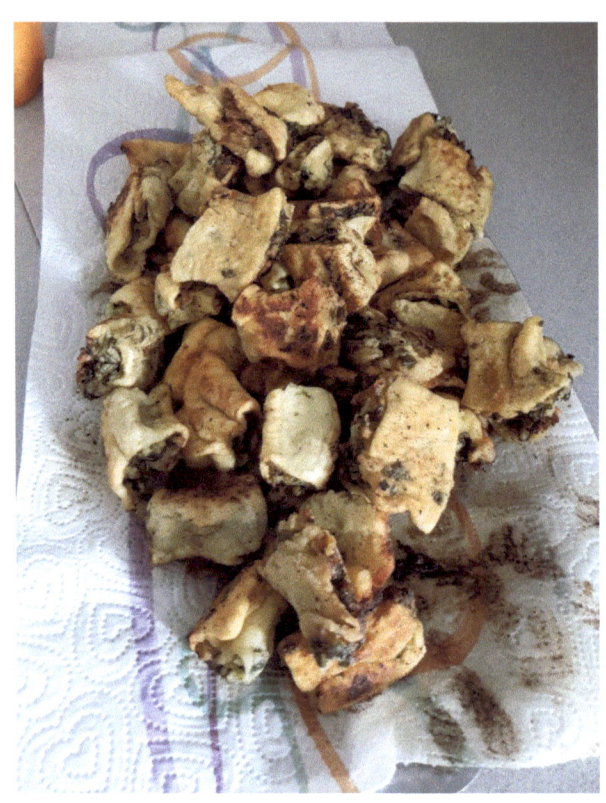

les" barba juan"

Prenez quelques belles blettes
sans cote et que rien ne se jette
du riz blanc de Camargue ou d'ailleurs
enfin choisissez le meilleur
quatre à cinq gousses d'ail
je ne fais pas de détail
que vous allez finement écraser
au couteau c'est parfait

Dans un faitout
faites chauffer l'huile tout doux
quand elle est à température
faites glisser l'ail qui s'aventure
pour doucement se laisser dorer
et la cuisine parfumer
alors sans plus attendre
Jetez le riz pour qu'il puisse prendre
le goût et se rouler dans l'huile chaude
comme une ribaude
pour doucement se mélanger
aux blettes que vous avez hachées
salez poivrez
sous le couvercle laissez mijoter
quand le riz est cuit
vous pensez que c'est fini
mais c'est là que tout commence
car entre temps vous avez préparé la pâte
farine, huile, sel, eau sans hâte
sur la planche vous vérifiez sa consistance
en fine lame vous étalez
et la farce dans laquelle vous avez ajouté
œuf et fromage râpé vous déposez
et comme des rouleaux vous formez
dans l'huile bouillante vous faites frire
sans trop les faire cuire
dans un plat sur un lit ouaté
délicatement il faut les déposer
et voila le barba juan est prêt
chaud ou froid à être dégusté

Salade de Tomates

Salade de tomates
Pour faire une bonne salade de tomates
Je prends un saladier en verre
Que je nettoies à l'eau claire
D'une façon délicate
Dans le fond du récipient, de façon décorative
Je dépose une pincée de sel
Du vinaigre à la couleur belle
Que je marie avec l'huile d'olive
En rondelles pas trop épaisses
Coupées au couteau aiguisé
Le jus au parfum ensoleillé
S'écoule comme un vin de messe
Les cébettes, les oignons
Basilic, poivrons
Mélangent leur parfum
Sur un lit de mesclun
Les œufs durs, jaune et blanc
Olives noires , vertes et anchois
Décorent ce plat Niçois
Que l'on déguste doucement

Une bonne Daube

Découpez la viande en morceaux
Dans un saladier les disposer
Préparez les oignons finement hachés
Et les rondelles de carottes pelées

Dans de l'eau chaude mettez
Les cèpes à tremper
Les tomates lavées
Sont prêtes à être utilisées

Dans une cocotte
Faites rissoler l'ail et les oignons
La viande et les carottes
Et salez poivrez sans façon

Ajoutez les tomates et les champignons
Un bon vin rouge pas du "cancaron"
Un beau bouquet garni
Un verre de cognac Hennessy

Pendant trois heures laissez la mijoter
Le temps de préparer de bonnes pâtes
De la polenta ou quelques patates
Pour l'accompagner

La "Socca"

De la farine de pois chiches
Délayez dans de l'eau
Fouettez sans faire le chiche
Pour obtenir un mélange sans grumeau

Salez poivrez
Sans oublié l'huile d'olive
A nouveau remuez
Au fouet d'une manière vive

Pendant ce temps
Faites chauffer le four
Alimenté de quelques sarments
Poussez les flammes autour

Pour mettre la plaque dedans
Laissez cuire la pâte doucement
La sortir quand la "Socca" est dorée
Découpez servir chaud et poivrez

La socca si manja ave li man

Les beignets de fleurs de courgettes

De la courgette prendre les belles fleurs
Achetées le matin de très bonne heure
Sur une plaque de marbre ou à découper
Leur tige et leur pistil vous vous en débarrassez

En les renversant
Vous les réservez
Et pendant ce temps
Dans une terrine vous préparez

Vous mélangez farine
Et jaunes d'œuf
Du sel un petit peu
Pas besoin d'aller à la mine

Une cuillerée d'huile d'olive
De couleur vive
Avec un fouet sans trop frapper
En ajoutant peu à peu du lait

Les blancs en neige sont incorporés
Persil haché
Salez poivrer
Le résultat est enfin prêt

 Trempez les fleurs
Dans cette mixture
Et elles garderont leur fraîcheur
Même après le bain dans la friture

Sur un plat habillé de papier
On vient les disposer
Nappées d'une sauce tomate préparée
On pourra les déguster

Le pan bagnat

Sur un marché du Comté
prendre de belles tomates et du céleri
des cébettes et des oignons frais
des févettes et une botte de Radis

deux artichauts violets
il ne faut surtout rien oublier
Chez le boulanger le pain rond
basilic, poivron vert et boite de thon
olives noires et pot d'anchois
Ne pas hésiter sur le choix

le pan-bagnat peut se commencer
les légumes il faut laver
finement les couper
les artichauts émincer

partager en deux le pain dans l'épaisseur
enlever un peu de mie à l' intérieure
imbiber d'huile d'olive
que vos papilles en salivent

un trait de vinaigre saler poivrer
les tomates dessus seront disposées
les légumes et le thon
les olives l'œuf les anchois terminent la décoration

le couvercle du pain refermé
Le mettre un instant au frais
à la plage vous pourrez le déguster
une serviette pour vous essuyer

La sauce tomate

sur une planche préparez
oignons herbes de Provence
trois gousses d'ail comme vous aimez
la quantité n'a pas d'importance
coupez finement les oignons
pendant ce temps dans un poêlon
faites chauffer l'huile d'olive doucement
et jetez un peu de thym juste sans supplément
laissez le se marier avec l'ail
le temps d'un parfum
avant qu'il ne s'en aille
et qu'il ne devienne brun
versez en grandes poignées
vos oignons émincés
des tomates pelées
que vous prendrez soin d'écraser
avec une cuillère en bois mélangez
doucement faites tourner
sel poivre vous rajoutez
de l'huile du thym et du laurier
Laissez doucement mijoter
écoutez la sauce chanter
ne la laisser pas attacher
voila c'est prêt

Les Capons

Pour faire les Capons
Feuilles de choux farcies
Prendre l'accent du midi
Celui qui rime avec chanson

Bien détacher les feuilles
Les laver sous le robinet
Au bio on fait un clin d'œil
ils viennent de la libé*

(*libé marché très connu à Nice)

sous la vapeur
on les fait cuire un quart d'heure
pour pouvoir les étaler
feuille à feuille non ce n'est pas terminé

Dans un saladier
on mélange le riz
la viande achée le chou cuit
et le jambon cru parfumé

les œufs qui se mélangent
avec le gruyère et le parmesane
sans oublier l'élixir paysanne
l'huile d'olive de notre baie des anges

sur une plaque bien huilée
les feuilles seront bien étalées
pliées comme des petits paquets
à la chaleur du four elles seront exposées

avec une sauce tomate
le capon sera dégusté
sans oublier les aromates
fleur de thym et feuille de laurier

La tarte aux figues

pour faire une tarte aux figues
Il faut avant tout choisir la saison
habiter du côté de Martigues
Le sud c'est mieux pour plusieurs raisons

le figuier aime la chaleur
Il s'épanouit au soleil du midi
il nous donne ses fruits
Gorgés de saveur

dans une cocotte on les déchire
un peu d'eau pour qu'ils n'attachent
on les laisse mijoter, ils transpirent
ils se concoctent alors en panache

on saupoudre du sucre vanillé
sur le moule préparé
la pâte étalée est prête
à recevoir la préparation complète

les figues sont fondues
on les répand dessus
on remonte les bords
pour agrémenter le décor

dans le four sur la grille
on la dépose au thermostat
que l'on surveille ça et là
pour que la croûte ne se fendille

Là elle est prête pour le palais
c'est sûr vous allez aimer
cette tarte à la figue
Aux parfums de garrigue

les panisses

aligner des soucoupes à café
sans oublier de les huiler
dans une casserole sur le fourneau
mettre à bouillir de l'eau

avec un peu de sel et une cuillère à café
d'huile fouetter sans arrêt
ce mélange attention à la cuisson
de ne pas faire brûler la préparation

dans chaque soucoupe
la pâte va se figer
ainsi préparées
les, panisses peuvent se conserver

les couper comme des frites
en belles tranches pas petites
 dans une friture les plonger
doucement les laisser dorer

sur une feuille de papier
laissez l'excès de gras s'échapper
Salez, poivrez,
avec une salade dégustez.

Les "merda di can*"

faites cuire à la vapeur
après les avoir épluchées
quand sa chuchote laissez un quart heure
les pommes de terre sont prêtes à être écrasées

des blettes du pays sans côtes
que vous faites blanchir
dans une cocotte
le temps d'un soupir

(* lo can en niçois c'est le chien)

avec une moulinette à grille fine
passer les pommes de terre
Là pas de mystère
la purée sera superfine

sur une planche d'olivier
hachez menu les blettes
avec un couteau aiguisé
voila c'est fait on s'arrête

dans la purée mettez les œufs
du poivre, du fromage et du sel
une cuillère juste un peu
À la recette soyez fidèle

on incorpore par poignées
les blettes préalablement coupées
avec un filet d'huile d'olive d'ici
là il faut du parti pris

avec de la farine obtenez
une pâte consistante facile à travailler
avec les doigts faites des boudins
donnez leur la forme de colombins

Voila il suffit de les plonger dans un liquide bouillant
pour déguster les "merda di can"
arrosées d'une bonne sauce tomates
parfumée aux aromates

Editeur : BoD-Books on Demand, 12/14 rond point des Champs Élysées, 75008 Paris, France
Impression : BoD-Books on Demand, Norderstedt, Allemagne
ISBN : 9782322126309
Dépôt légal : janvier 2019